目次

指導　今日庵業躰部

写真　宮野正喜

大道雪代（3、39頁）

デザイン　堀内仁美

続き薄茶【つづきうすちゃ】

風炉

濃茶点前から続けて薄茶点前にかかることを、「続き薄茶」といいます。

風炉の「正午の茶事《ちゃじ》」では、前席で懐石《かいせき》を供し、初炭手前で炭をととのえたあと中立《なかだち》をして、後座《ござ》では濃茶点前、後炭手前、薄茶点前と進みますが、茶事の進行により後炭手前を略し、濃茶点前から続けて薄茶点前にかかることもあります。また、客のほうから「〇〇のため続いて薄茶を頂戴したい……」と所望する場合と、亭主側から「勝手を申しますが、続いて薄茶を差し上げます……」と挨拶をする場合があります。

「朝茶事」「夜咄《よばなし》の茶事」などは、続き薄茶が約束です。

点前は棚または運びでも行うことができます。

準備

道具は使う前に、必ず清めること。

● 莨盆《たばこぼん》に灰をととのえた火入《ひいれ》、灰吹《はいふ》きを仕組みます（稽古のときは白竹でもよいでしょう）。

● 干菓子器に干菓子を盛り付けておきます。

● 点前座《てまえざ》に、風炉《ふろ》と棚《たな》を据えます。

運びの場合は、水を入れた水指を、風炉と置き合わせます。

● 棚の地板《じいた》には水を入れた水指《みずさし》、天板《てんいた》には薄茶を掃《は》いた薄茶器《うすちゃき》（棗《なつめ》）を、棚に応じて決められた位置に置きます。

茶事のときは青竹の灰吹きを用い、煙管《きせる》、莨入れを仕組むこともあります。

● 濃茶を客の人数分程掃いた茶入《ちゃいれ》を仕覆《しふく》に入れ、水指正面に荘り付けておきます（6号52頁「棚を据える位置と茶入を荘る位置」参照）。

運びの場合も茶入を水指正面に荘り付けておきます（6号3頁「敷板と水指を据える、茶入を荘り付ける位置」参照）。

● 濃茶点前に使う茶碗に、茶巾《ちゃきん》、茶筅《ちゃせん》、茶杓《ちゃしゃく》を仕組みます。

● 薄茶点前に使う茶碗に仕組む、茶巾、茶筅を準備しておきます（持ち出すときに仕組む）。

● 建水《けんすい》に唐銅《からかね》や陶磁器の蓋置《ふたおき》を入れ、柄杓《ひしゃく》の合《ごう》を伏せて建水の縁にかけておきます。

● 水次《みずつぎ》に水を入れておきます。

運びの場合は、竹蓋置を仕組みます。

● 風炉先《ふろさき》は、棚よりも高さがあるものを据えます。

小間は風炉先を据えません。

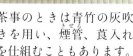

点前の流れ

1 道具を運び出す

▲9頁

- 茶道口《さどうぐち》に座って、茶碗を膝前に置き、襖《ふすま》を開ける。
- 茶碗を持って進み、点前座に座って、茶碗を右、左と二手で勝手付きに仮置きする。
- 茶入を棚正面、右寄りに置く。
- 茶碗を左、右、左と三手で、茶入と置き合わせる。
- 建水を運び出し、襖を閉める。
- 点前座に進み、座りながら建水を置く。

2 主客総礼↓茶入、茶杓を清める↓茶巾を出す

▲10頁

- 柄杓をかまえて、蓋置を定座に置き、柄杓を蓋置に引いて、主客総礼をする。
- 建水を進めて、居ずまいを正す。
- 茶碗を右、左、右と三手で、膝前向こうに置く。
- 茶入を取り、茶碗と膝の間に置く。
- 茶入を仕覆から出して膝前に置き、仕覆をととのえ、右から左へ打ち返して、棚に置く。
- 腰の帛紗《ふくさ》を取り、草《そう》の四方捌きをする。
- 茶入を清め、定座に置く。
- 帛紗をさばき直して茶杓を清め、茶入の蓋の上に置く。
- 茶筅を茶入の右側に置く。
- 水指が塗蓋《ぬりぶた》の場合、帛紗で水指の蓋を清める。
- 茶碗を少し手前に引いて、茶巾を水指の蓋の上に置く。

3 茶筅通し↓茶巾を釜の蓋の上に置く

▲13頁

- 帛紗を腰につけ、柄杓をかまえ、釜の蓋を開ける。

▼釜の蓋が帛紗扱いの場合は、柄杓をかまえ、帛紗で釜の蓋を開けて、帛紗を建水の後ろに置く。

- 湯を茶碗に入れ、茶筅通しをして、湯を建水にあけ茶巾で茶碗を清める。

・茶碗を膝前に置いて、茶巾を釜の蓋の上に置く。

4 茶を練る→茶碗を定座に出す

▲14頁

・茶杓を取って茶入を取り、茶杓をにぎり込んで蓋を開け、茶碗の右横に置く。
・茶を三杓すくって茶碗に入れ、茶杓を茶碗にあずける。
・回し出しをして、茶入の口を清めて蓋を閉め、元の位置に戻す。
・茶杓で茶をさばき、茶碗の縁で軽く打って、茶入の蓋の上に戻す。
・水指の蓋を右、左、右と三手で開ける。
・水を一杓汲んで釜にさし、湯を茶碗に入れて、残りの湯を釜に戻す。
・茶筅を取って茶を練り、もう一度湯を加減して入れ、茶を練りあげる。
・茶碗の正面を正して、定座に出す。

5 服加減を尋ねる→釜に水をさす→主客総礼

▲16頁

・正客の一口で服加減を尋ね、客付きにまわって控える。
・正客からの問いに答える。
・末客の喫《の》み切りで居前に戻り、釜に中水を一杓さす。
・茶碗が戻ると、膝前に置いて、主客総礼をする。
▼釜の蓋が帛紗扱いの場合は、帛紗を腰につける。

6 続き薄茶の挨拶をする→茶碗、建水を水屋にさげる

▲17頁

・湯を茶碗に入れて、建水にあける。
・茶碗を膝前に置き、続き薄茶の挨拶をする。
・茶巾、茶筅と茶碗に戻す。
・茶碗を右、左で右掌にのせて、一膝勝手付きに向き、左手で建水を持って立つ。

・茶道口に進み、襖を開けて水屋にさがる。

7　莨盆、干菓子器を運び出す→薄茶の茶碗と建水を運び出す→茶筅通しをする

▲19頁

・莨盆を運び出し、正客にあずけて、水屋にさがる。

・干菓子器を運び出し、正客の正面に置き、一礼をして、水屋にさがる。

・茶碗を右掌にのせ、清めた建水を左手で持って点前座に進み、座りながら建水を定座に置く。

・茶碗を左、右と二手で膝前向こうに置く。

・棚の棗を取り、一手で茶碗と膝の間におろす。

・帛紗をさばいて棗を清め、建水の右肩に置く。

・帛紗を左手にわたして、茶筅を茶入の右側に置き、

・茶碗を少し手前に引く。

・茶巾を釜の蓋の上に置き、帛紗を腰につける。

・湯を茶碗に入れ、茶筅通しをして（一度うち）、湯を建水にあける。

・茶巾で茶碗を清め、茶碗を膝前に置いて、茶巾を釜の蓋の上に戻す。

8　菓子をすすめる→茶碗を定座に出す

▲23頁

・茶杓を取り、正客に菓子をすすめる。

・棗を取り、茶杓をにぎり込んで蓋を開け、右膝前に置く。

・茶杓を持ち直して、茶碗に茶を入れ、棗の蓋を閉める。

・棗を元の位置に戻して、茶杓を茶入の上に置く。

・湯を茶碗に入れ、残りの湯を釜に戻す。

・茶筅を取って茶を点て、茶筅を元の位置に戻す。

・茶碗の正面を正して定座に出す。

9　茶入・仕覆拝見の所望を受ける→拝見に出す

▲25頁

・正客から「茶入・仕覆の拝見」を請われると、受ける。

・茶杓を水指の右縁にあずけ、茶入を膝前に置く。
・棗を左手で、茶入のあとに置く。
・茶杓を棗の上に置く。
・茶入を右手で取って左掌にのせ、客付きにまわる。
・茶入を膝前に置き、帛紗をさばいて茶入を清め、正面を正して、定座に出す。
・帛紗を腰につけて居前に戻る。
・仕覆を取って左掌にのせ、客付きにまわって、茶入の下座に出す。

10 仕舞いつけ↓道具を置き合わせる↓水指の蓋を閉める

▲27頁

・茶碗が戻ると膝前に置き、湯を茶碗に入れて、建水にあけ、正客からお仕舞いの挨拶があると受ける。
・茶碗を膝前に置いて、お仕舞いの挨拶をする。
・水を茶碗に入れ、茶筅通しをする（一度あげ二度うち）。
・茶筅を元の位置に戻し、茶碗の水を建水にあける。
・茶巾を茶碗に戻し、茶碗を膝前に置いて、茶筅を茶碗に戻す。
・茶杓を取って、建水を引く。
・帛紗をさばいて茶杓を清め、茶碗に伏せて置く。
・茶碗を少し左に寄せて、棗を茶碗と置き合わせ、
・帛紗を建水の上ではらって腰につける（中仕舞い）。
・水を釜にさし、湯返しをして、柄杓をかまえ、釜の蓋を閉め、柄杓を蓋置に引く。
・水指の蓋を右、左、右と三手で閉める。

11 茶杓・棗の拝見の所望を受ける↓拝見に出す

▲29頁

・正客から「茶杓・棗の拝見」を請われると受ける。
・柄杓を建水にたたみ、蓋置を建水の後ろに置く。
・茶杓を取って客付きにまわり、定座に出す。
・居前に戻って、茶碗を右一手で、勝手付きに割りつける。

- 棗を取って左掌にのせ、客付きにまわる。
- 棗を膝前に置き、帛紗をさばいて棗を清める。
- 帛紗を膝前に置き、棗の正面を正して、茶杓の下座に出す。
- 帛紗を腰につける。

12 柄杓、蓋置を棚に荘る↓建水から茶碗まで水屋にさげる↓水指に水をつぐ

▲31頁

- 居前に戻り、柄杓、蓋置を棚に荘る。
- 一膝勝手付きに向き、建水を持って、水屋にさがる。
- 点前座に進み、茶碗を持ってさがる。
- 水次を持ち出し、棚正面に座って、水指の蓋を右、左と二手で開け、水をつぐ。
- 水をつぎ終えると、水指の蓋を左、右と二手で閉めて、水次を持ってさがり、茶道口に座って膝前に置き、襖を閉める。

13 拝見物を取りに出る

▲33頁

- 拝見物が戻ると襖を開け、道具正面に進んで座る。
- 正客に一礼をし、正客からの問いに答える。
- 棗を取って左掌にのせ、棚正面にまわり、棚に荘る（棗を荘り残さない場合もある）。
- 道具正面にまわり、仕覆、茶杓、茶入を持ってさがり、茶道口に座る。
- 茶道口建《たて》付《つ》けに茶入、茶杓、仕覆と置く（棗を持ってさがる場合は、棗も。35頁参照）。
- 一礼をして、襖を閉める。

続き薄茶　風炉

1

2

3

4

1 道具を運び出す

- 茶道口に座って、茶碗を膝前に置き、襖を開けます1。
- 茶碗を持って点前座に進み、茶碗を右、左と二手で勝手付きに仮置きします2。
茶入を棚正面、右寄りに置きます。
- 茶碗を左、右、左と三手で、茶入と置き合わせます3。
建水を持って席に入り、襖を閉めます。
- 点前座に進み、座りながら建水を置きます4。

5

6

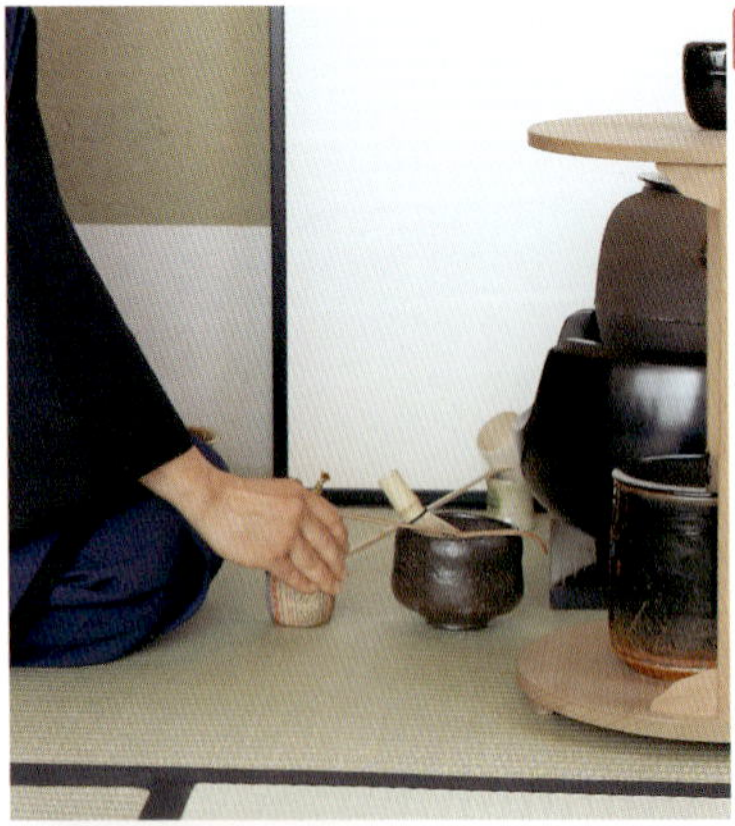

7

8

2 主客総礼→茶入、茶杓を清める→茶巾を出す

- 柄杓を取ってかまえ、蓋置を定座に置き、柄杓を蓋置に引いて、主客総礼をします 5。建水を進めて、居ずまいを正します。
- 茶碗を右、左、右と三手で膝前向こうに置き、茶入を茶碗と膝の間に置きます 6 7。
- 茶入を仕覆から出して、膝前に置きます 8。

9

10

11

・仕覆をととのえて、右から左へ打ち返し、棚の天板に置きます 9 。

・腰の帛紗を取り、草の四方捌きをします 10 。

・茶入を清めて、定座に置きます 11 。

12

13

14

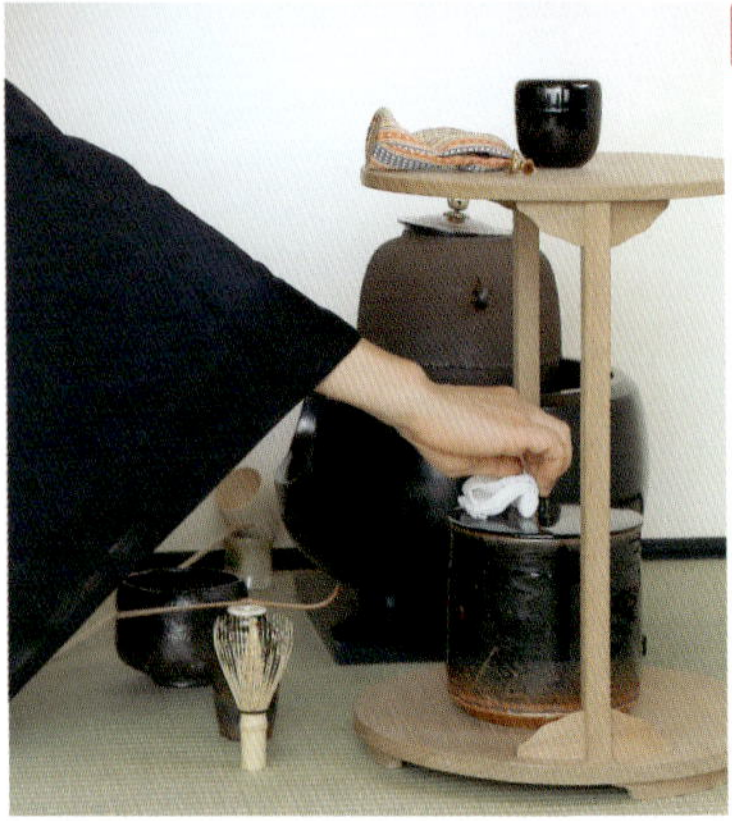

15

・帛紗をさばき直して茶杓を清め、茶入の蓋の上に置きます 12。

茶筅を茶入の右側に置きます。

・水指の蓋が塗蓋の場合は、帛紗で蓋を清めて、帛紗を左手にわたします 13。

・茶碗を少し手前に引きます 14。

・茶巾を水指の蓋の上に置きます 15。

16

17

18
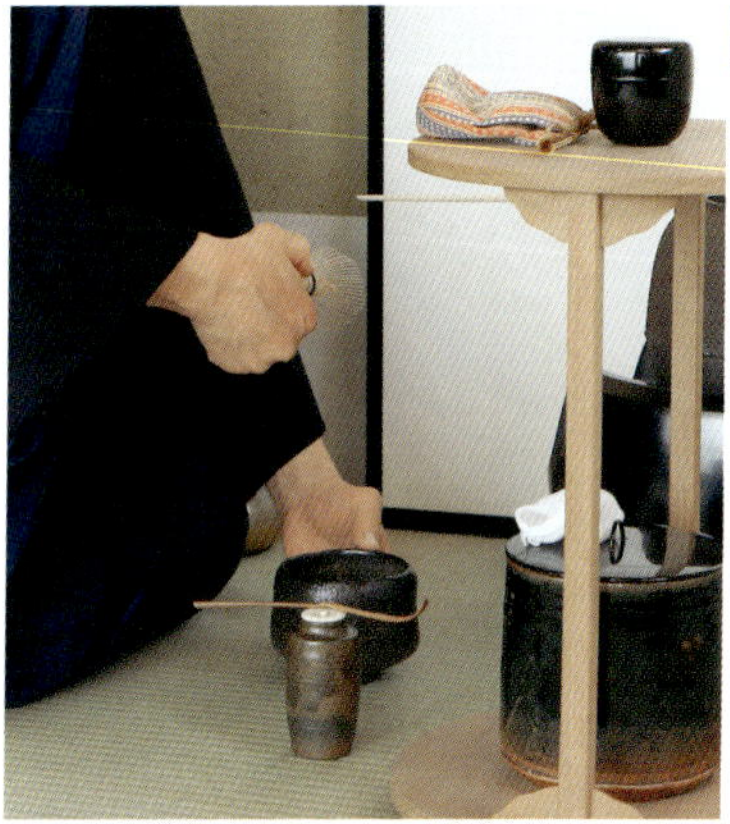

19

3 茶筅通し↓茶巾を釜の蓋の上に置く

- 帛紗を腰につけて、柄杓をかまえ、釜の蓋を開けます16 17。

釜の蓋が帛紗扱いの場合は、帛紗を左手の指にはさみ、柄杓を取ってかまえ、帛紗で釜の蓋を開けて、帛紗を建水の後ろに置きます。

- 湯を茶碗に入れ、茶筅通しをします18。
- 湯を建水にあけて、茶巾で茶碗を清めます19。茶碗を膝前に置いて、茶巾を釜の蓋の上に置きます。

20

21

22

4 茶を練る↓茶碗を定座に出す

・茶杓を取って茶入を取り、茶杓をにぎり込んで蓋を開け、茶碗の右横に置きます。

・茶を三杓すくって茶碗に入れ、茶杓を茶碗にあずけ、回し出しをして茶をあけます 20 21。茶入の口を清めて蓋を閉め、茶入を元の位置に戻し、茶杓で茶をさばいて、茶入の上に戻します。

・水指の蓋を右、左、右と三手で開けます 22。

23

24

25

26

- 水を一杓汲んで釜にさし、続けて湯を汲み茶碗に入れ、残りの湯を釜に戻します23 24。
- 茶筅を取って茶を練り、もう一度湯を加減して入れて、茶を練りあげます25。茶筅を元の位置に戻します。
- 茶碗の正面を正して、定座に出します26。

27

28

29

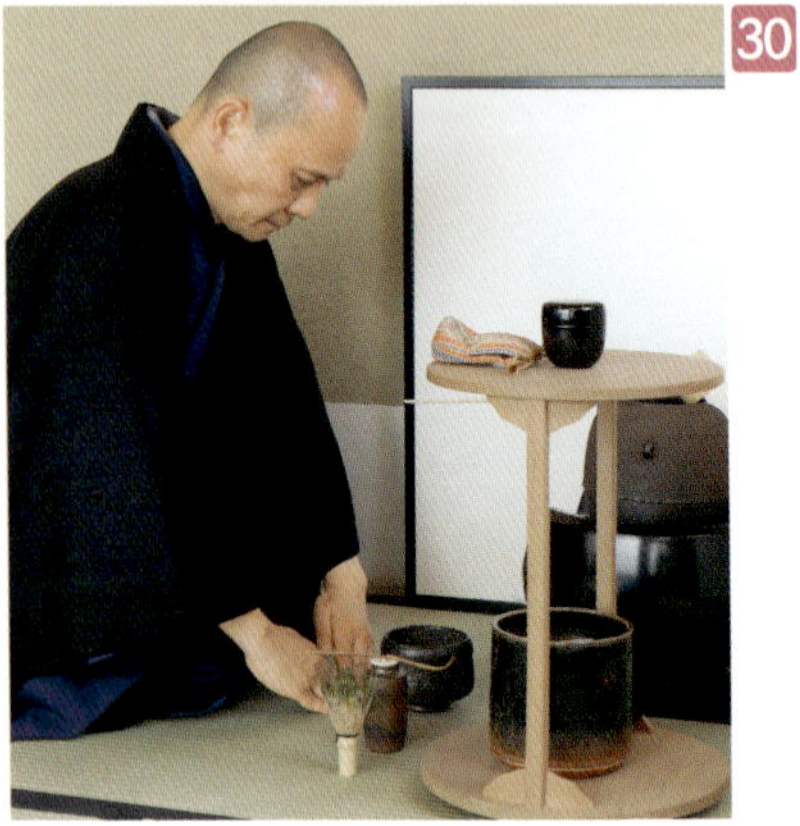
30

5 服加減を尋ねる→釜に水をさす→主客総礼

- 正客の一口で服加減を尋ね、客付きにまわって控えます 27。
- 正客からの問いに答えます 28。
- 末客の喫み切りで居前に戻り、釜に中水を一杓さします 29。

釜の蓋が帛紗扱いの場合は、帛紗を腰につけます。

- 茶碗が戻ると、膝前に置いて、主客総礼をします 30。

31

32

33

34

6 続き薄茶の挨拶をする→茶碗、建水を水屋にさげる

- 湯を茶碗に入れ、建水にあけます31。
- 茶碗を膝前に置き、「続き薄茶」の挨拶をします32。
- 茶巾、茶筅と茶碗に戻します33 34。

点前のポイント

32 続き薄茶は、客から所望する場合と、亭主から挨拶をする場合があります。それは状況に応じて行われる点前だからです。

35

36

37

38

・茶碗を右、左で、右掌にのせます35 36。

・一膝勝手付きに向き、左手で建水を持って立ち、勝手付きにまわってさがります37。

・茶道口にさがり、膝前に建水、茶碗と置いて、襖を開けて水屋にさがります38。

39

40

7

莨盆、干菓子器を運び出す→薄茶の茶碗と建水を運び出す→茶筅通しをする

- 莨盆を運び出し、正客にあずけて、水屋にさがります 39。
- 続けて干菓子器を運び出し、正客の正面に置いて一礼をし、水屋にさがります 40。

点前のポイント

39 厳かな濃茶から和やかな薄茶へと移る意で、莨盆を「どうぞ、御くつろぎを……」との心配りで運び出します。お出しする際に「お楽に……」など声をかけてみるのもいいでしょう。

41

42

●茶巾、茶筅を仕組んだ茶碗を右掌にのせ、清めた建水を持って席中に入り、座りながら建水を定座に置きます41。
●茶碗を左、右と二手で膝前少し向こうに置き、棚の棗を一手で、茶碗と膝の間におろします42。

点前のポイント

41 続き薄茶で、水屋にさがるときは、必ず建水を持ってさがり、清めてから、席中に持ち出します。

運びの場合

● 運びの薄茶点前と同様に、棗、茶碗を持って席に入ります。

● 点前座に座り、棗を手前、茶碗を向こうに縦に並ぶように、同時に膝前に置きます。

● 清めた建水を持って席に入り、点前座に進んで、座りながら建水を定座に置きます。

43

44

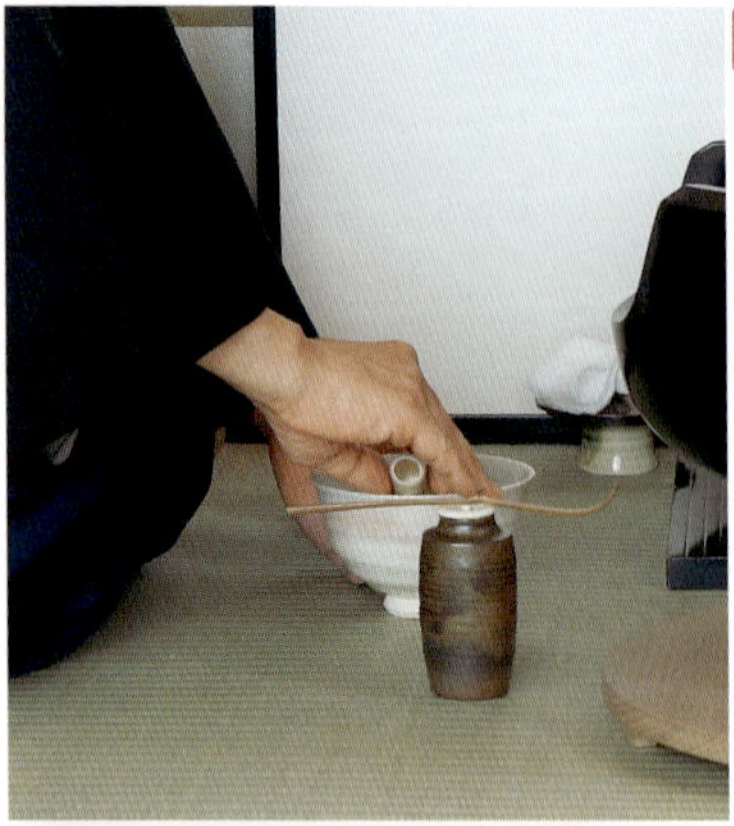
45

46

- 腰の帛紗を取ってさばき、棗を清めて、建水の右肩に置きます43。

帛紗を左手にわたして、茶筅を茶入の右側に置き、茶碗を少し手前に引きます。

- 茶巾を釜の蓋の上に置きます44。

帛紗を腰につけます。

- 湯を茶碗に入れて、茶筅通しをします（一度うち）45。
- 湯を建水にあけ、茶巾で茶碗を清めて、茶碗を膝前に置き、茶巾を釜の蓋の上に戻します46。

47

48

49

50

8 菓子をすすめる↓茶碗を定座に出す

- 茶杓を取り、正客に菓子をすすめます47。
- 棗を取り、茶杓をにぎり込んで棗の蓋を開け、右膝前に置いて、茶杓を持ち直し、茶碗に茶を入れます48。茶杓を茶碗の縁で軽く打ちます。
- 棗の蓋を閉めて、棗を元の位置に戻し、茶杓を茶入の蓋の上に置きます49 50。

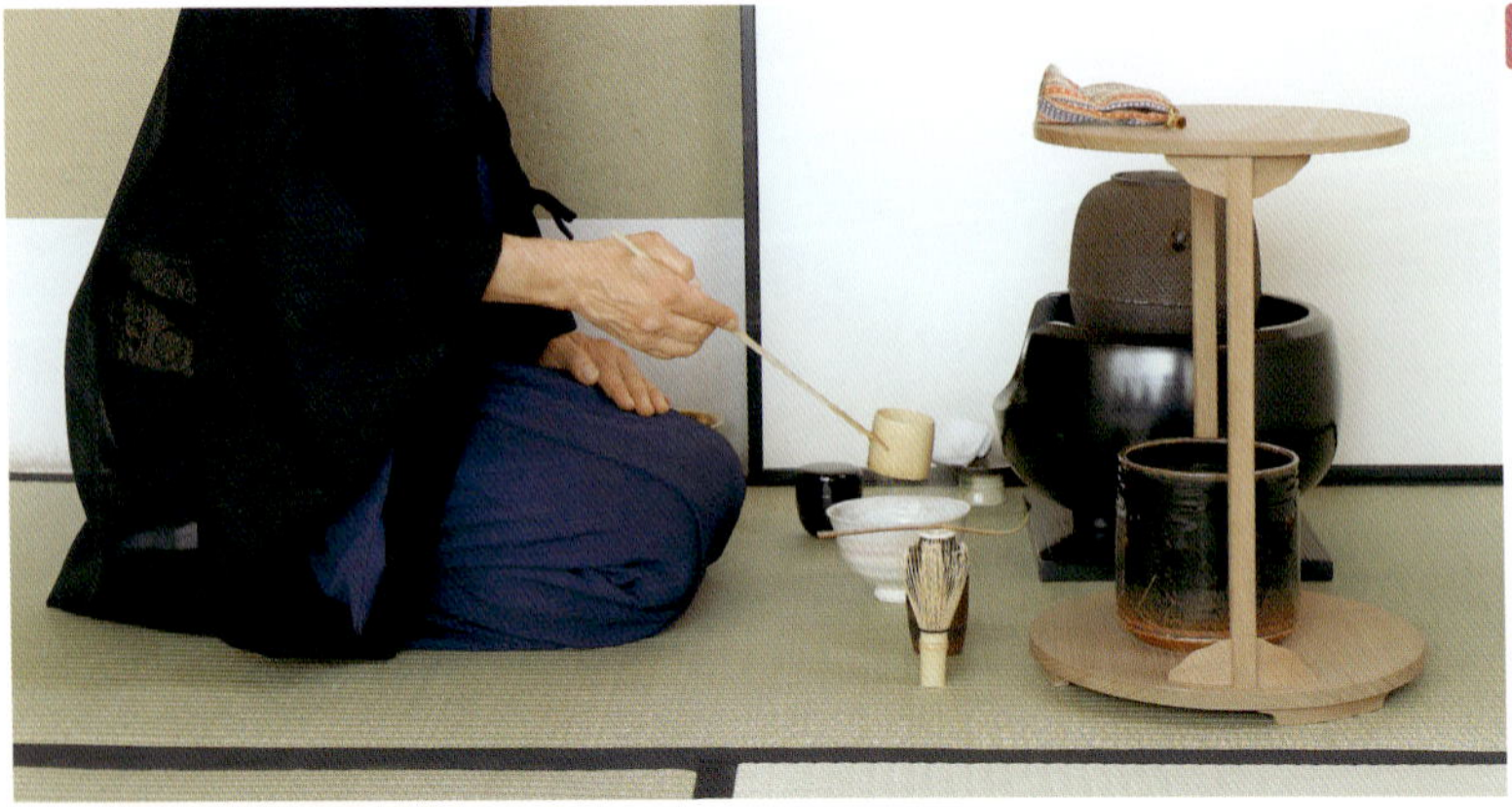

51

52

53

- 湯を茶碗に入れ、残りの湯を釜に戻し、柄杓を釜にあずけます 51 52。
茶筅を取って茶を点て、茶筅を元の位置に戻します。
- 茶碗の正面を正して、定座に出します 53。
客からの「頂戴いたします」の挨拶を受けます。

9 茶入・仕覆拝見の所望を受ける↓拝見に出す

- 正客から茶入・仕覆の拝見を請われると、受けます54。
- 茶杓を水指の右縁にあずけ、茶入を右手で膝前に置きます55 56。
- 棗を左手で茶筅の左側に置きます57。

58

59

60

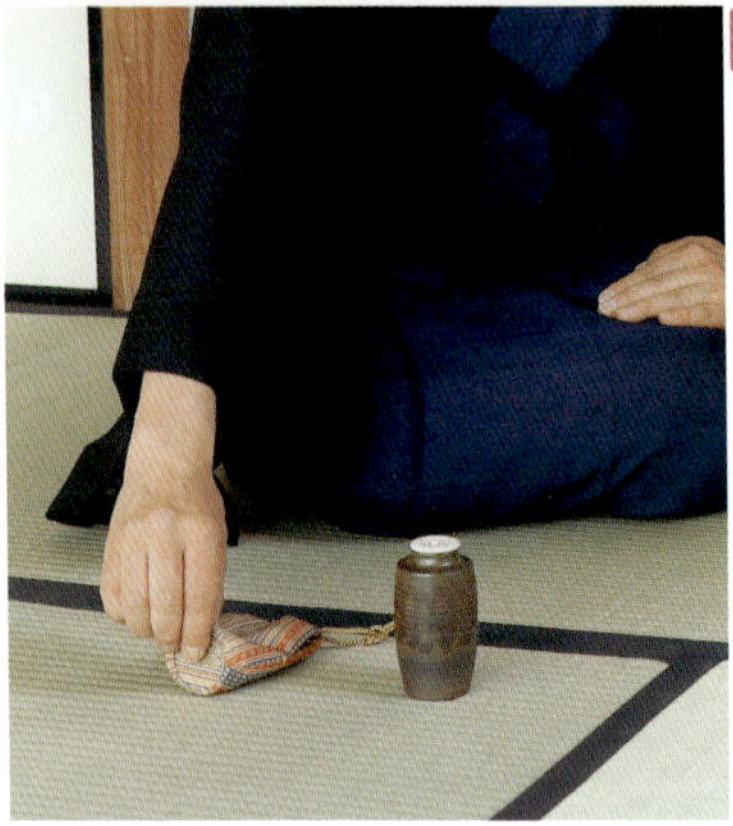

61

- 水指にあずけた茶杓を取って、棗の上に置きます58。茶入を右手で取って左掌にのせて客付きにまわり、膝前に置きます。
- 帛紗をさばいて茶入を清め、正面を正して定座に出します59。
- 帛紗を腰につけて居前に戻り、仕覆を取って左掌にのせて客付きにまわり、茶入の下座に出します60 61。

62

63

64

65

10 仕舞いつけ↓道具を置き合わせる↓帛紗を腰につける

- 茶碗が戻ると膝前に置き、湯を茶碗に入れ、建水にあけて、正客からお仕舞いの挨拶があると受け、茶碗を膝前に置いて、お仕舞いの挨拶をします 62 63。
- 水を茶碗に入れ、茶筅通しをします（一度あげ二度うち）64。茶筅を元の位置に戻し、水を建水にあけて、茶巾を茶碗に戻し、茶碗を膝前に置いて茶筅を茶碗に戻します。
- 茶杓を取って、建水を引きます 65。

66

67

68

69

- 帛紗をさばいて茶杓を清め、茶碗に伏せて置きます 66。帛紗をにぎり込んだまま、茶碗を右一手で少し左に寄せて、棗を茶碗と置き合わせます（中仕舞い）67 68。帛紗を建水の上ではらって腰につけ、水を釜にさし、湯返しをして柄杓をかまえ、釜の蓋を閉めて、柄杓を蓋置に引きます。
- 水指の蓋を右、左、右と三手で閉めます 69。

70

72

71

11 茶杓・棗の拝見の所望を受ける→拝見に出す

- 正客から茶杓・棗の拝見を請われると、これを受けます 70 。
- 柄杓を右手で取り、左手で扱って建水にたたみ、蓋置を右手で取り、左手にわたして建水の後ろに置きます 71 。
- 茶杓を右手で取り左手にわたして、客付きにまわって定座に出します 72 。

点前のポイント

72 茶杓は濃茶の道具として扱われるため、茶杓から拝見に出します。

- 居前に戻り、茶碗を右一手で、勝手付きに割りつけます73。棗を取って左掌にのせ、客付きにまわって膝前に置きます。
- 帛紗をさばいて棗を取り、甲《こう》を拭き、蓋を開けて、口を清めます74。
- 棗の蓋を閉めて、帛紗を膝前に置き、棗の正面を正して、茶杓の下座に出します75。帛紗を腰につけます。

76

77

12

柄杓、蓋置を棚に荘る→建水から茶碗まで水屋にさげる→水指に水をつぐ

- 居前に戻り、柄杓を取って棚に荘り、続けて蓋置を取って棚に荘ります76。
- 一膝勝手付きに向き、建水を持って立ち、水屋にさがります77。

点前のポイント

71 76 続き薄茶は、濃茶仕舞いになり、拝見の挨拶を受けたあと、いったん柄杓、蓋置を建水にたたみます。そして拝見物を出したあとに柄杓、蓋置を棚に荘ります。

78

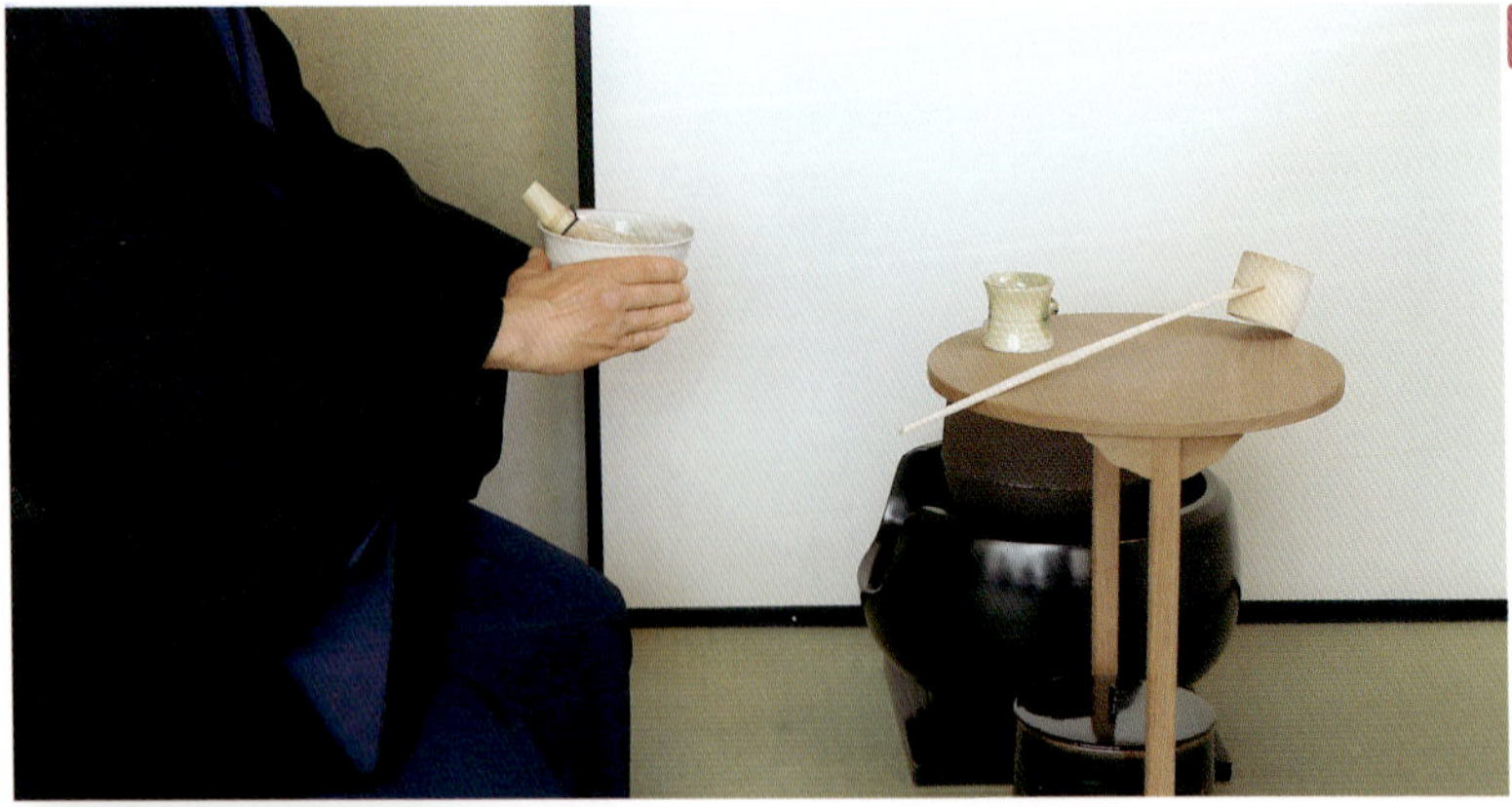

79

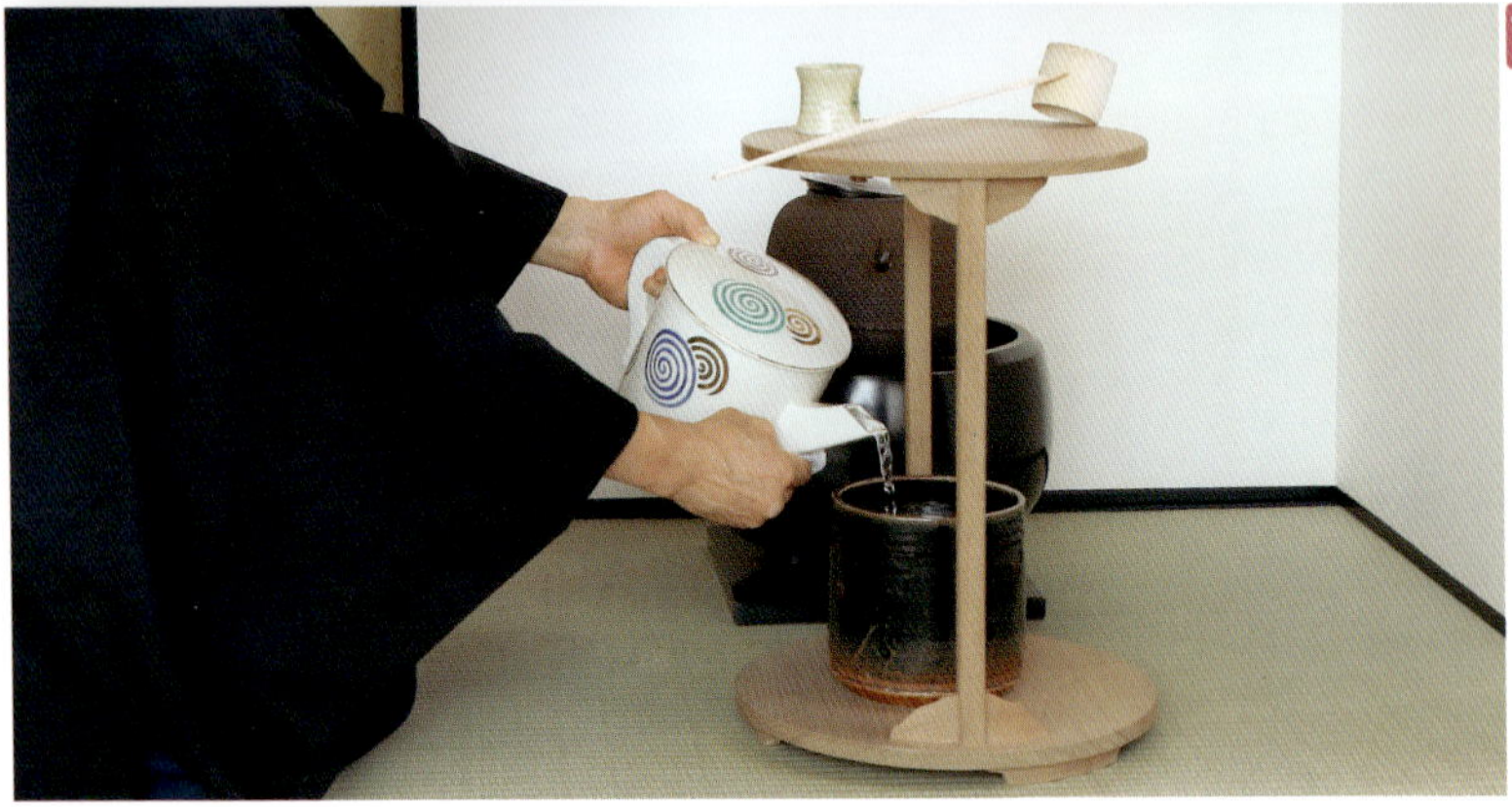

●点前座に進み、茶碗を持って水屋にさがります78。

●水次を持ち出して、棚正面に座り、水指の蓋を右、左と二手で開け、水をつぎます79。水をつぎ終えると、水指の蓋を左、右と二手で閉めて、水次を持って茶道口にさがり、襖を閉めます。

点前のポイント

風炉の続き薄茶は、水指に水をついだあと、いったん襖を閉めます。

80

81

13 拝見物を取りに出る

・拝見物が戻ると、襖を開けて進み、道具正面に座ります。
・正客に一礼をし、正客からの問いに答えます80。
・棗を右手で取り、左掌にのせて、棚正面にまわり、棚に荘ります81。

点前のポイント

81 「入」荘りは、棗を荘り残さない場合もあります。

82

83

- 道具正面にまわり、通常の濃茶点前で拝見物を引くときと同様に、仕覆、茶杓を左掌にのせて持ち、茶入を右手で持って、茶道口にさがります 82。
- 茶入、茶杓、仕覆の順に建付けに置き、一礼をして襖を閉めます 83。

運びの場合

運びの場合は、拝見物を出すと、建水、茶碗、水指の順に持ってさがり、茶道口の襖を閉めます。

- 拝見物を取りに出るときは、道具正面に座り、正客からの問いに答えると、仕覆を左掌にのせ、仕覆の上に茶入をのせて、茶杓を右手で取ってにぎり込み、その手で棗を持ちます。
- 茶道口にさがり、棗、茶杓を置き、次に茶入、仕覆を置きます。
- 一礼をして襖を閉めます。

季節の点前

釣釜の扱い

三月は、春の明るい光とともに、微かに揺れる釣《つり》釜に風情を感じる季節。裏千家では、三月に釣釜、四月には透木《すきぎ》釜をかけ、炉を塞ぐまでの約二か月間、名残りを惜しみつつ、なごやかな春の炉を楽しみます。

旧暦の正月は寅の月であり、弥生《やよい》といわれる三月は、旧暦では、「辰《たつ》」にあたるため、今でも月の異名として「辰月」と称されることもあります。「辰」は、その文字が震、振、賑などにあるように「震え」「揺れ」の意があります。

「三寒四温」と季節が揺れ、春風に柳が揺れる、釣釜に春を感じます。

準備

道具は使う前に、必ず清めること。

釣釜は、中柱がない茶室で用います。中柱があると、鎖《くさり》や自在《じざい》が柱と平行になるため、ふさわしくありません（鎖、自在の扱いについてはそれぞれ40、46頁からを参照）。

鎖は四畳半以上に用います。

自在は四畳半以下に用います。

●炉から五徳《ごとく》をあげ、底取《そことり》と火箸《ひばし》を使って、炉《ろ》中《ちゅう》をととのえます。五徳は灰を掃い、洗ってよく乾かして保管しておきます。

●四畳半以上の場合は鎖を、以下の場合は自在を天井の蛭釘《ひるくぎ》にかけます。

●鎖(自在)の鉤《かぎ》に弦《つる》をかけ、鐶《かん》とともに釜をかけます。雲龍《うんりゅう》釜や棗《なつめ》釜、筒釜など、細長い形状の釜のほうが炉壇《ろだん》に当たりにくく、扱いやすいでしょう。

●釜合わせは、釜を釣った状態で柄杓《ひしゃく》をかけて行います。釜が揺れて炉壇《ろだん》を破損しないよう、注意しながら行いましょう。高さは通常と同様で、柄杓の柄と畳の間が、約指一本分を目安にします。

●炭手前は、炭斗《すみとり》の炭の組み方は通常と同様ですが、鐶は釜にかけた状態ですから、炭斗には仕組みません。

五徳をあげて、炉中をととのえたところ
(焦げ縁をかぶせた状態)

鎖の扱い

釜をあげるとき

道具を展開し、香合《こうごう》を炭斗正面に置き、釜の蓋を閉めます。

● 一膝進み、弦を左手で受けるように持って支えながら、中鉤を鎖目三つ程あげてかけます（小あげ）。

● 紙釜敷《かみかましき》のワサが炉のほうに向くように置き、右の鐶と弦を右手で一緒に持ち、弦の上のほうを左手で持って静かに鉤からはずします。

※釜をあげるときに、弦を持つ手の左右は、利き手にもよります。

● そのままの状態で、釜を紙釜敷の上にあげます。

● 釜の正面に向き、右の鐶を弦からはずして釜にあずけ、弦を右手で持って、左の鐶を弦からはずして釜にあずけておきます。

● 弦の左横を左手で持って、畳の中央より少し左寄りに置きます。

- 鐶を持って、釜を畳の中央の右寄りまで引きます。
- 鐶をはずして体の正面で重ね合わせ、左手で弦の中に置きます。
- 炉正面に向き直り、鎖の鉤を受けるようにして持ちあげ、右手で鎖の中鉤を、さらに鎖目五つ程あげてかけます（大あげ）。

釜をかけるとき

客から香合拝見の所望を受け、香合を定座に出します。

- 鉤を左手で受けながら、中鉤を大あげした分だけ、鎖目五つ程さげます(大さげ)。
- 釜をあげた位置に向き、鐶を左手で取って体の正面で左右に割り、釜にかけます。

● 釜を初めにあげた位置まで引き寄せ、鐶を釜にあずけます。

● 弦を左手で取り、右の鐶を弦にかけ、弦を右手に持ち替えて、左の鐶を弦にかけます。

● 弦を左手、鐶と弦を一緒に右手で持ったまま炉正面に向き、弦を鉤にかけます。

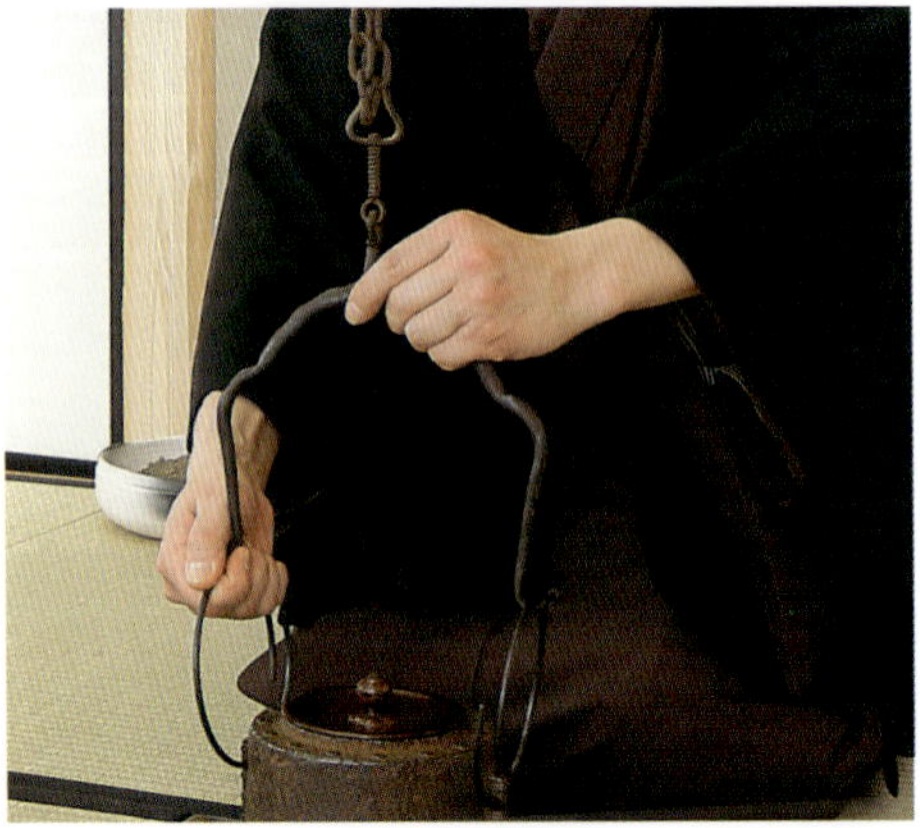

●紙釜敷を取り、炭斗の上で軽く指先ではじき、懐中します。

●弦を左手で受けるようにしっかり持って、中鉤を小あげした分だけ、鎖目三つ程さげます（小さげ）。

一膝さがって羽箒取り、釜の蓋を清めます。羽箒を炭斗に戻し、釜の蓋を切ります。釜が揺れている場合は、揺れを静めます。

以下、通常の初炭手前と同様です。

後炭手前の場合

釜を勝手付きまで引いたあと、弦を勝手付きに立てかけ、鐶を釜の下座に置きます。また、小棚や長板《ながいた》、台子《だいす》を用いた場合、盆香合《ぼんこうごう》などの場合もこのように置きます。

自在の扱い

ここでは向切本勝手の初炭手前を基本に、自在の扱いを紹介します。

釜をあげるとき

道具を展開し、香合を右手で、羽箒《はぼうき》の羽先に置き、釜の蓋を閉めます。

- 一膝進み、鉤を左手で受けるように持って支えながら、小《こ》猿《ざる》を右手で少しあげて、鉤を差し込みます(小あげ)。
- 紙釜敷を左膝横に手なりに置き、弦を左手、鐶と弦を一緒に右手で持ち、紙釜敷の上にあげます。

- そのまま両手で持った状態で、釜の正面に向きます。右の鐶を弦からはずして釜にあずけ、弦を右手で持ち、左の鐶をはずして釜にあずけます。
- 弦の左横を左手で持って、勝手付きに置きます。
- 釜を定座まで引き、鐶をはずして左手で弦の中に置きます。
- 炉正面に向き、鉤を左手で受けるようにして持ち、小猿を右手であげて鉤を引き出し、炉の向こうにあずけます。

釜をかけるとき

客から香合拝見の所望を受け、香合を定座に出します。

- 小猿を右手で、鉤を左手で持ち、炉の中央に戻します。
- 小猿を少しあげて、鉤を小あげにした位置まで差し込みます。

釜を引いた位置に向いて鐶をかけ、釜をあげた位置まで引き寄せます。

- 弦を左手で取り、右の鐶を弦にかけ、弦を右手に持ち替えて、左の鐶を弦にかけます。

・弦を左手、鐶と弦を一緒に右手で持ったまま炉正面に向き、弦を鉤にかけます。紙釜敷を懐中します。

・小猿を右手、弦と鉤を左手で受けるように一緒に持ち、釜をさげます。

・一膝さがって、羽箒を取り、釜の蓋を清めます。羽箒を炭斗に戻し、釜の蓋を切ります。釜が揺れている場合は、揺れを静めます。

以下、通常の初炭手前と同様です。

点前　石川宗浩

棚の扱い 15

徒然棚【つれづれだな】

毎号異なる棚を用いて扱いを紹介します。

無限斎好の桐《きり》春慶塗《しゅんけいぬり》または桑木地菱形の棚で、岩木《いわき》裕軒《ゆうけん》の作です。

上段が袋棚になっていて、正面四枚の襖の内、中央の二枚が引戸で、磯馴松《そなれまつ》が描かれ、鹿皮の引き手がついています。

袋棚の下には、客付きに一段、勝手付きに二段の業平菱《なりひらびし》の透かしがあるところから、業平棚とも称されています。

炉のみに用います。

準備

道具は使う前に、必ず清めること。

●棚を定座に据えて、薄茶器《うすちゃき》（棗《なつめ》）に薄茶を掃《は》き、袋棚の中央に入れ、水を入れた水指《みずさし》を地板《じいた》中央に置きます。

●袋棚の戸を閉めておきます。

ここからは徒然棚（薄茶点前）の扱いを紹介します。
点前の基本となる流れは薄茶点前の運び（1号2～39頁）と同様です。

棗を袋棚から出し、茶碗を置き合わせる

茶碗を持って点前座に進み、棚正面に座ります。

- 茶碗を勝手付きに仮置きして、はじめに左戸を左手で開け、次に右戸を右手で開けます。
- 棗を取り出し、左掌にのせて、右戸を閉めます。

- 棗を右手で持って、左戸を閉めます。
- 棗を棚正面、右寄りに置きます。
- 茶碗を棗と置き合わせます。

水屋から建水《けんすい》を運び出し、あとは道具拝見の所望を受けるまで、通常の棚の薄茶点前と同様です。

棗を袋棚に入れる

拝見物を出した後、水指に水をつぎ、水屋にさがります。拝見物が戻ると席中に入り、正客からの問いに答えます。

- 棗を左掌にのせ、茶杓《ちゃしゃく》を持って棚正面にまわり、茶杓を水指の蓋、右縁にあずけます（共蓋《ともぶた》の場合は天板《てんいた》の上）。
- 棗を右手で持ち、左戸を左手で開けます。

●棗を左掌にのせ、右戸を右手で開けます。

●棗を右手で持ち、袋棚に戻します。

●右戸、次に左戸を閉めます。

●茶杓を持って茶道口《さどうぐち》にさがります。

一礼をして襖を閉めます。

点前　志村宗光